SASCHA DREIER *VERÖFFENTLICHT SEINE COMICS REGELMÄSSIG IN DER ZEITSCHRIFT „11FREUNDE" SOWIE IM „TAGESSPIEGEL". ZUM THEMA FUSSBALL ERSCHIENEN VON IHM BISHER IN BUCHFORM: „DER PAPIERENE" (2009) SOWIE „DIE 90. MINUTE. DRAMATISCHE FUSSBALLGESCHICHTEN" (2006).*

WWW.DREIER-COMICS.DE

Bibliografische Information der Deutschen Nationalbibliothek:
Die Deutsche Nationalbibliothek verzeichnet diese Publikation in der Deutschen Nationalbibliografie; detaillierte bibliografische Daten sind im Internet über http://dnb.d-nb.de abrufbar.

Lotzestraße 22a, D-37083 Göttingen
www.werkstatt-verlag.de

Inhaltliche Konzeption: Bernd-M. Beyer
Druck und Bindung: Westermann Druck Zwickau

ISBN 978-3-7307-0281-9

MIX
Papier aus verantwortungsvollen Quellen
FSC® C110508

Sascha Dreier

Die Bayern-Story

VERLAG DIE WERKSTATT

1900: DIE GRÜNDUNG

AN EINEM WINTERABEND DES JAHRES 1900, IN MÜNCHEN-SCHWABING, WEINHAUS GISELA.

EINE WOCHE SPÄTER IN EINEM NEBENRAUM DES WEINHAUSES.
DIE TURNER HABEN „NEIN" GESAGT ! ES IST UNS UNTERSAGT, AN „ENGLISCHEN WETTSPIELEN" TEILZUNEHMEN ! WIR DÜRFEN ALSO...
...NICHTS WEITER ALS FREUNDSCHAFTSSPIELE AUSTRAGEN ! WEIL DIE TURNER ES SO WOLLEN ! NICHT MIT UNS, FREUNDE ! JETZT GRÜNDEN WIR EINEN EIGENEN CLUB !
STIMMT IHR MIR ZU ?!!!
BUMM
BUMM
BUMM
BUMM
BUMM
BUMM
UND WIE NENNEN WIR UNSEREN CLUB ?!?
ICH WEISS SCHON: BORUSSIA ! ODER BESSER: PREUSSEN ! WEIL UNSER FRANZ IST DOCH „EEN BELINAH" !!!
HAHAHAHAHAHAHAHAHAHA
WAT IS´ EUCH DENN ?! NEHEHEH... WIR BENENNEN UNS SELBSTVERSTÄNDLICH NACH UNSERER STADT UND UNSEREM KÖNIGREICH BAYERN !
ABER... DIE MEISTEN VON UNS SIND DOCH GAR NICHT AUS BAYERN !
AB HEUTE SCHON !

1919: BAYERISCHER DONAUFUSSBALL

DIE ERSTEN SPIELE DER „BAYERN" ZIEHEN NUR WENIGE ZUSCHAUER AN. DOCH DAS ÄNDERT SICH BALD. VOR ALLEM, WEIL DER VEREIN BEKANNTE AUSLÄNDISCHE KLUBS EINLÄDT. DIE BESTEN FUSSBALLSPIELER – NEBEN DEN ENGLÄNDERN UND SCHOTTEN – GIBT ES SEINERZEIT IN ÖSTERREICH UND UNGARN.
DORT SPIELT MAN EINEN TECHNISCH ANSPRUCHSVOLLEN STIL, DEN „DONAUFUSSBALL". AM 27. JULI 1919 KOMMT MIT DEM MTK BUDAPEST DIE DAMALS BESTE MANNSCHAFT DES KONTINENTS ZU EINEM FREUNDSCHAFTSSPIEL NACH MÜNCHEN. 15.000 ZUSCHAUER STRÖMEN AUF DEN MTV-PLATZ AN DER MARBACHSTRASSE, DAS IST REKORD.

M.T.V. M.v.1879
...TRAINER DORI KÜRSCHNER!
ICH HOFFE NUR, ICH KANN UNSERE TRUPPE ZUSAMMENHALTEN!
ABER SICHER DOCH... ODER NICHT...?
IN UNGARN DROHT ALLES AUSEINANDERZUBRECHEN. WEISSER TERROR GEGEN ROTEN TERROR UND UMGEKEHRT. AM MEISTEN GEFÄHRDET SIND DIE JUDEN! WIR HABEN VIELE JÜDISCHE SPIELER. AUCH DORI IST JUDE!
ZWEI JAHRE SPÄTER. DORI KÜRSCHNER MUSSTE UNGARN VERLASSEN UND WIRD TRAINER BEIM 1.FC NÜRNBERG UND SPÄTER BEIM FC BAYERN.
MIT IHM KOMMT DIE „DONAUSCHULE" ZU DEN BAYERN. AUCH WENN ER NICHT LANGE BLEIBT, LEGT ER EINEN WICHTIGEN GRUNDSTEIN FÜR DEN SPORTLICHEN AUFSCHWUNG.

1932: DIE ERSTE DEUTSCHE MEISTERSCHAFT

AM 12. JUNI 1932 IST ES SO WEIT: ZUM ERSTEN MAL STEHT DER FC BAYERN IN EINEM FINALE UM DIE DEUTSCHE MEISTERSCHAFT.
AUCH 500 ARBEITSLOSE HABEN SICH AUS MÜNCHEN MIT DEM FAHRRAD ZUM ENDSPIELORT NÜRNBERG AUFGEMACHT. DER FC BAYERN HAT IHNEN FREIKARTEN SPENDIERT.

ZUNÄCHST SCHEINEN DIE FRANKFURTER ÜBERLEGEN, DOCH NACH 20 MINUTEN WERDEN DIE BAYERN IMMER STÄRKER. FRANKFURTS VERTEIDIGER STUBB WEHRT EINEN SCHUSS AUFS TOR MIT BEIDEN FÄUSTEN AB – ELFMETER!
OSSI ROHR VERWANDELT – 1 : 0!
ES IST GESCHAFFT! AM ENDE HABEN DIE BAYERN MIT 2:0 GESIEGT UND BRINGEN STOLZ DIE „VIKTORIA" NACH HAUSE.

1933 - 1945: DIE NAZIS WÜTEN

NUR SIEBEN MONATE NACH DEM MEISTERSCHAFTSERFOLG DER BAYERN KOMMEN IN DEUTSCHLAND DIE NAZIS AN DIE MACHT. NUN GEHT ES MIT DEM VEREIN ERST EINMAL BERGAB, DENN DIE NEUEN MACHTHABER MÖGEN KEINEN WELT-OFFENEN KLUB MIT EINEM JÜDISCHEN PRÄSIDENTEN UND EINEM JÜDISCHEN TRAINER NOCH DAZU.
FÜR SIE UND ANDERE VEREINSMITGLIEDER BEGINNEN SCHWERE ZEITEN...

SIEGFRIED SUNDHEIMER, WIE OTTO BEER EINER VON MEHREREN JÜDISCHEN TEXTILKAUFLEUTEN, DIE DEN FC BAYERN UNTERSTÜTZT HABEN, WIRD MIT SEINER FRAU ROSA AM GLEICHEN TAG AN GLEICHER STELLE ERMORDET.
OSKAR „OSSI" ROHR, MEISTER 1932, NATIONALSPIELER. EINER DER BESTEN DEUTSCHEN SPIELER SEINER ZEIT, WILL PROFI WERDEN, WAS IN NAZI-DEUTSCHLAND NICHT ERLAUBT IST. SO EMIGRIERT ER IN DIE SCHWEIZ UND WEITER NACH FRANKREICH. ALS DIE DEUTSCHEN FRANKREICH BESETZEN, WIRD ROHR FESTGENOMMEN UND AN DIE OSTFRONT GESCHICKT. ER ÜBERLEBT MIT VIEL GLÜCK DEN KRIEG.
KURT LANDAUER, PRÄSIDENT DES FC BAYERN, MUSS SEIN AMT NIEDERLEGEN. IN DER REICHSPOGROMNACHT 1938 KOMMT ER INS KZ DACHAU. NACH VIER WOCHEN WIRD ER GLÜCKLICHERWEISE WIEDER ENTLASSEN UND KANN IM MAI 1939 NACH GENF EMIGRIEREN. VIER SEINER FÜNF GESCHWISTER KÖNNEN NICHT ENTKOMMEN UND WERDEN VON DEN NAZIS ERMORDET.

1943: WIEDERSEHEN IN ZÜRICH

AM 7. NOVEMBER 1943 BESTREITET DER FC BAYERN EIN FREUNDSCHAFTSSPIEL GEGEN DIE SCHWEIZER NATIONALELF. DIE GEHEIMPOLIZEI DER NAZIS, DIE GESTAPO, WILL AUF JEDEN FALL VERHINDERN, DASS DIE SPIELER BEI DIESER GELEGENHEIT KONTAKT MIT IHREM EHEMALIGEN PRÄSIDENTEN LANDAUER AUFNEHMEN, DER IMMER NOCH IN DER SCHWEIZ LEBT.

DAS SPIEL IST FAIR UND AUSGEGLICHEN. DIE BAYERN KÖNNEN ZWEIMAL IN FÜHRUNG GEHEN.
TOR!
ÄHEM, ENT-SCHULDIGEN SIE BITTE.
ABER ES SIND DOCH ...
...MEINE JUNGS...
AUCH WÄHREND DES SPIELS STEHEN SOWOHL TRAINER ALS AUCH SPIELER DES FC BAYERN UNTER BEOBACHTUNG.
ICH HABE IHN BEMERKT. JA, JA, ER SITZT AUF DER TRIBÜNE! ABER DENKEN SIE DARAN: KEIN KONTAKT ZUM JUDEN!
DAS SPIEL ENDET 2:2. NACH ABPFIFF GEHEN DIE BAYERN-SPIELER ZIELSTREBIG VOM PLATZ...
DOCH NICHT ZUR KABINE...
?!?
DAS SIND MEINE JUNGS! DAS SIND MEINE BAYERN!

1947: EIN SCHWERER NEUBEGINN
DIE NAZI-HERRSCHAFT IST VORBEI, DER KRIEG VERLOREN. DEUTSCHLAND LIEGT IN TRÜMMERN, MILLIONEN MENSCHEN SIND SINNLOS GESTORBEN. DIE ÜBRIGEN WISSEN KAUM, WIE ES WEITERGEHEN SOLL. DOCH SEHR BALD WIRD WIEDER FUSSBALL GESPIELT, AUCH IM STADION AN DER GRÜNWALDER STRASSE.
JA, SERVUS! HIER STEHT´S: DER LANDAUER HAT ÜBERLEBT UND IST WIEDER DA !
LANDAUER ERKLÄRT NACH SEINER RÜCKKEHR:
WIR WOLLEN DIE LETZTEN JAHRE VERGESSEN UND GNADE WALTEN LASSEN !
HERRJEH! SCHO´ WIEDER A TIPP-FEHLER, FRÄULEIN!
JO, HABT´S IHR DENN NIX AN´DRES G´LERNT WIE „HEIL HITLA" ZU SAGEN ?!?
FC BAYERN

AN DER SÄBENER STRASSE WOLLEN DIE BAYERN ENDLICH EINE EIGENE HEIMAT FINDEN. DOCH DAZU BRAUCHEN SIE DIE GENEHMIGUNG DER ALLIIERTEN MILITÄRVERWALTUNG...
DER FC BAYERN IST VON DEN NAZIS IMMER BENACHTEILIGT WORDEN! WARUM HELFEN SIE UNS NICHT?
OH - NO! IT´S THAT MAN AGAIN! LANDAUER...!
IK BRAUKE MIK NIKT ZU REKTFERTIGEN! THIS IS INE SAKKE ZWISCHEN MIR UND DER STADTVERWOLTUNG, UND DIE HABE IK SCHON DREIMAL RAUSGEWO´FEN!
DEN MANN VON DER STADTVERWALTUNG VIELLEICHT! ICH ABER WERDE SO OFT WIEDERKOMMEN, WIE SIE MICH HINAUSSCHMEISSEN!
I KNOW... (SEUFZ)
WAIT A MINUTE...
...THIS CRAZY MAN FROM THE FOOTBALL CLUB! AGAIN AND AGAIN....
LANDAUER ?!? HE´S NOT A KRAUT...! HE´S JEWISH! A GOOD GUY... SO GIVE HIM, WHAT HE WANTS!
UND SO...
Säbener Str.

1959 - 1965: EIN TOP-TEAM FINDET SICH
1959. ENDSPIEL BEI EINEM MÜNCHNER SCHÜLERTURNIER ZWISCHEN DEM SC 1906 MÜNCHEN UND DEN „LÖWEN", DEM TSV 1860 MÜNCHEN.
HIER, FRANZ, GEH´ !
HUCH! WIE SOLL ICH DENN AN DEM VORBEI-KOMMEN ?!
DEN BURSCHI KAUF´ I MIA!
DEN GURK´ ICH !
PASS MAL AUF, DU VIECH.
TOOOR ! SUPER, FRANZ !
DU BIST DER BECKENBAUER FRANZL, HÄ ?! MICH GURKT KEINER, HÖRST´?!? AUCH DU NET !
GESTATTEN, BACKENHAUER, HERR BECKENBAUER !
PAF!
JA, SPINNST DENN DU ?! BIST DEPPERT, DU RINDVIEH !
UND ICH WOLLT´ ZU DEN LÖWEN WECHSELN... NAA...! NUN GEH´ ICH DOCH BESSER ZU DEN BAYERN !
AUA.

VIER JAHRE SPÄTER.
A SCHAND´ IS´ DES... DIE NEUE BUNDESLIGA STARTET OHNE UNS... ABER MIT DEN „LÖWEN"! WENN DIE JETZT AUCH NOCH MEISTER WERDEN, FRESS´ ICH ´NEN BESEN!
Kicker
Heute START der BUNDESLIGA
BAYERN-BOSS WILHELM NEUDECKER LIEST, WIE JEDEN MORGEN, DIE DEUTSCHE SPORTPRESSE...
ACH WAS! VIELLEICHT AUCH GUT SO... SO KÖNNEN WIR IN RUHE MIT JUNGEN SPIELERN UND WENIG GELD EINE MANNSCHAFT AUFBAUEN!
ÜBER DIE WIRD DEUTSCHLAND NOCH STAUNEN! UND DIE „LÖWEN" ERST RECHT!
IM TOR STEHT DER SEPP. IST ERST 19 JAHR´, ABER SCHON RICHTIG AUSGEBUFFT!
FÜRS MITTELFELD HOLEN WIR DEN FRANZ AUS UNSERER EIGENEN JUGEND...
FÜR DEN ANGRIFF KENNE ICH AN RICHTIG GUAT'N AUS NÖRDLINGEN, DEN MÜLLER GERD! GERADE MAL 17 UND SCHIESST TORE AUS ALLEN LAGEN!
DEN TRAINER LASS´ ICH MICH WAS KOSTEN. DER TSCHIK IST MIT KÖLN MEISTER GEWORDEN. EIN SCHLITZOHR, DER OFFENSIV SPIELEN LÄSST.
UND SO IST DER FC BAYERN MIT EINER VERHEISSUNGSVOLLEN JUNGEN MANNSCHAFT 1965 IN DIE BUNDESLIGA AUFGESTIEGEN.

1967 - 1969: DIE ERSTEN GROSSEN ERFOLGE

DAS ERSTE BUNDESLIGAJAHR VERLÄUFT GLEICH ERFOLGREICH. DIE BAYERN WERDEN DRITTER IN DER MEISTERSCHAFT UND GEWINNEN DEN DFB-POKAL. 1967 STEHEN SIE IM ENDSPIEL UM DEN EUROPAPOKAL DER POKALSIEGER – IM NÜRNBERGER STADION, DORT, WO SIE 1932 ERSTMALS DEUTSCHER MEISTER GEWORDEN SIND. GEGNER SIND DIE GLASGOW RANGERS. MIT 0:0 GEHT ES IN DIE VERLÄNGERUNG. SIEBEN MINUTEN VOR ABPFIFF EINE FLANKE AUF „BULLE" ROTH....

SO KOMMT ALS NEUER TRAINER DER „HARTE HUND" BRANKO ZEBEC, ...
... DER DEN BAYERN DAS VERTEIDIGEN BEIBRINGT. MIT IHM GEHT ES SCHON AM 2. SPIELTAG IM LOKALDERBY GEGEN DIE „LÖWEN".
DIE BAYERN GEWINNEN 3:0 UND WERDEN 1969 ÜBERLEGEN DEUTSCHER MEISTER. IM FINALE GEGEN DEN FC SCHALKE 04 GEWINNEN SIE AUCH NOCH DEN DFB-POKAL. ES IST DAS ERSTE DOUBLE DER VEREINSGESCHICHTE !

1971/72: DIE REKORDSAISON

BAYERN-PRÄSIDENT WILHELM NEUDECKER UND MANAGER ROBERT SCHWAN SITZEN IM VEREINSHAUS UND ZÄHLEN GELD...

DAS LETZTE SPIEL DER SAISON FINDET ERSTMALS IM NEUEN OLYMPIASTADION STATT. 80.000 ZUSCHAUER SEHEN EIN „ENDSPIEL" ZWISCHEN DEM SPITZENREITER FC BAYERN UND DEM ZWEITPLATZIERTEN SCHALKE 04. WER DAS SPIEL GEWINNT, IST DEUTSCHER MEISTER !
IN DER 90. MINUTE SETZT „KAISER" FRANZ BECKENBAUER MIT EINEM TOLLEN FREISTOSS DEN SCHLUSSPUNKT EINER GLORREICHEN SAISON !
DIE BAYERN GEWINNEN ÜBERLEGEN MIT 5:1 – UND STREICHEN DIE ERSTE MILLIONEN-EINNAHME DER VEREINSGESCHICHTE EIN !

1970-77: DIE GROSSE MANNSCHAFT

(1) UDO LATTEK: ERFOLGSTRAINER MIT SPEZIELLER ANTI-STRESS-MEDIZIN.
(2) FRANZ BECKENBAUER: LETZTER KAISER DER MENSCHHEITSGESCHICHTE.
(3) KARL-HEINZ RUMMENIGGE: JUNGES ROTBÄCKCHEN, MEIST NOCH ZUSCHAUEND.
(4) JOHNNY HANSEN: STABILER WIKINGER, DIE RECHTE FLANKE SICHERND.
(5) GEORG SCHWARZENBECK: PRINZ EISENFUSS, KOMMANDEUR DER BAYERN-FESTUNG.
(6) JUPP KAPELLMANN: LAUFENDE APOTHEKE IM MITTELFELD.
(7) ULI HOENESS: SENKRECHTSTARTENDER ABITURIENT, FRÜH GESCHÄFTSTÜCHTIG.
(8) PAUL BREITNER: WERBER FÜR MAO UND KONTAKTLINSEN, ANTI-WERBER FÜR FRISEURE.
(9) RAINER ZOBEL: DES KAISERS WAHRER SCHUHPUTZER.
(10) GERD MÜLLER: EWIGER SCHÜTZENKÖNIG, GEBOREN AN DER TORJÄGERKANONE.
(11) FRANZ ROTH: STÄMMIGER BULLE, IM GALOPP KAUM AUFZUHALTEN.
(12) CONNY TORSTENSSON: SCHWEDISCHER MEISTER AM LINKEN FLÜGEL.
(13) SEPP MAIER: FAST UNÜBERWINDBARER BALL- UND ENTENFÄNGER.

1
2
3
4
5
6
7
8
9
10
11
12
13

Abi '71

1974: KATSCHES GEWALTSCHUSS

ZWEI TAGE SPÄTER. DAS WIEDERHOLUNGSSPIEL.
DIE BAYERN TRETEN MIT IHREM GEWOHNTEN SIEGESWILLEN AUF ! HOENESS, SCHWARZENBECK, BREITNER, MÜLLER, BECKENBAUER. DIE GESAMTE MANNSCHAFT SPIELT SICH IN EINEN RAUSCH...
ULI HOENESS ZUM 1:0...
GERD MÜLLER AUS SPITZEM WINKEL : 2:0
WIEDER MÜLLER 3:0 !
„HOENESS EROBERT DEN BALL IN EIGENER HÄLFTE... RAST RICHTUNG MADRIDER TOR ! UMSPIELT DEN ERSTEN, DANN DEN ZWEITEN... EIN MANN NOCH... JETZT LEGEN SIE IHN UM ! NEIN ! ER MACHT SIE ALLE FERTIG ! NARRT DEN TORHÜTER ! LUPFER ! 4:0 !"
ABPFIFF ! BAYERN MÜNCHEN IST ZUM ERSTEN MAL BESTE VEREINSMANNSCHAFT EUROPAS !
SECHS IHRER SPIELER – MAIER, BECKENBAUER, SCHWARZENBECK, BREITNER, HOENESS UND MÜLLER – WERDEN SIEBEN WOCHEN SPÄTER IM MÜNCHNER OLYMPIASTADION WELTMEISTER !

1976: DER EUROPÄISCHE HATTRICK

DAFÜR STEHEN DIE BAYERN ZUM DRITTEN MAL HINTEREINANDER IM ENDSPIEL UM DEN EUROPAPOKAL DER LANDESMEISTER. ES GEHT IM GLASGOWER HAMPDEN PARK GEGEN DEN AS ST. ÉTIENNE.
ESISTNUREIN FINALEESISTNUR EINFINALEESIST NUREINFINALE ...
?!
NERVÖS, KALLE ?! HIER TRINK EINEN COGNAC. VERLEIHT EINEM FLÜGEL...
PFUMP
LUNK LUNK LUNK
ALSO EHRLICH, HERR CR- HICK- CRAMER, SIE VERSTEHEN WAS VON MOTI - HIHI... HICK - VATION ! EINEN NOCH, DANN GEHT´S LOS...! -HICK-
DER JUNGE KARL-HEINZ RUMMENIGGE DRIBBELT UND TRICKST WIE NOCH NIE IN SEINEM LEBEN. DAS EINZIGE TOR ABER...
...SCHIESST, WIE NEUN JAHRE ZUVOR IM ERSTEN EUROPACUP-FINALE DER BAYERN, DER „BULLE" ROTH !
6
DIE BAYERN HOLEN ANSCHLIESSEND AUCH NOCH DEN WELTPOKAL, DOCH DANACH BEGINNT AUF INTERNATIONALER EBENE EINE LANG ANHALTENDE DURSTSTRECKE. FRANZ BECKENBAUER GEHT NACH NEW YORK, UND SCHON BALD GIBT ES STREIT IM VEREIN...

1979: DER SPIELERAUFSTAND
NACH VIER TITELLOSEN SPIELZEITEN STARTEN DIE BAYERN UNTER GYULA LORANT IN DIE SAISON 1978/79 WIEDER MISERABEL! ALS LORANT ZURÜCKTRITT, WIRD DER BELIEBTE PAL CSERNAI ALS ÜBERGANGSLÖSUNG VERPFLICHTET. DOCH PRÄSIDENT WILHELM NEUDECKER WILL LIEBER DEN STRENGEN MAX MERKEL HOLEN. UND DEN MÖGEN DIE SPIELER GAR NICHT...
GEMMA, BURSCHEN !
LEUTE ! HERHÖREN ! KATASTROPHE !!!
DER ALTE WILL PAL ABSERVIEREN UND DAFÜR DEN MERKEL VERPFLICHTEN !
SPINNT DER ?!! OHNE MICH ZU FRAGEN ?
MOMENTAMAL... MERKEL ? DIESER ÖSTERREICHER ?! AUSGERECHNET DER ! ER HAT DIE NÜRNBERGER ZUR MEISTERSCHAFT GEPRÜGELT, SO HÖRT MAN. UND NUN SIND WIR WOHL AN DER REIHE ?!!
ZUR MEISTERSCHAFT GEPRÜGELT, UM IM JAHR DRAUF GLEICH WIEDER ABZUSTEIGEN. TSSS... DAS HAT NOCH KEINER GESCHAFFT ! ER HAT SIE KAPUTT TRAINIERT !
VERDAMMT, PAUL ! ICH WILL NICHT ABSTEIGEN !
JETZT HÖRT´S AUF, SCHMARRN ZU REDEN ! WIR STEIGEN NICHT AB ! GENAUSO WENIG, WIE UNS DER MERKEL MAX JEMALS TRAINIEREN WIRD ! UND WARUM ? I SOG´S AICH...
WEIL MIA SAN DIE BAYERN !
RECHT SO, SEPP...! PFFF...
UND DESWEGEN WERDEN WIR DES AUCH REGELN WIE DIE BAYERN ! ...PFFF...
I SCHAU´ ZUM ALTEN...
CLIC

ICH HÖR´ WOHL NICHT RECHT ?!? DAS... DAS IST JA EIN AUFSTAND !!!
PFFF... NENNEN SIE ES, WIE SIE WOLLEN. IHR NEUER TRAINER WIRD TROTZDEM EIN TRAINER OHNE MANN-SCHAFT SEIN !
EINE REVOLTE ! BREITNER ! SIE VERDAMMTER MAOIST !
RRRAUS HIER, BEVOR ICH MICH VERGESS´!!!
PFFF...
EINEN TAG SPÄTER, AM 19. MÄRZ, TRITT NEUDECKER ZURÜCK. NACH 17 JAHREN ALS BAYERN-PRÄSIDENT. NEUER STARKER MANN WIRD ULI HOENESS. MIT NUR 27 JAHREN IST ER DER JÜNGSTE BUNDESLIGA-MANAGER ALLER ZEITEN. ER ÜBERNIMMT EINEN VEREIN, DER IN EINER SPORTLICHEN UND WIRTSCHAFTLICHEN KRISE STECKT !
?!
MEIN GOTT ! ALLES UNBEZAHLTE RECHNUNGEN ! WER HÄTTE DAS GEDACHT...
UND DEN MERKEL MÜSSEN WIR AUCH NOCH ZWEI JAHRE BEZAHLEN. OHWEI OHWEI...
RECHN

1980 - 86:
BREITNIGGE
PAUL BREITNER UND KARL-HEINZ RUMMENIGGE BILDEN BEI DEN BAYERN ANFANG DER 80ER JAHRE DAS KONGENIALE PÄRCHEN „BREITNIGGE". AUF RUMMENIGGE, EUROPAS FUSSBALLER DES JAHRES 1980 UND 1981, WIRD SOGAR EIN POPSONG GESCHRIEBEN, DER DIE CHARTS STÜRMT!
TALKIN' 'BOUT A MAN WITH SEXY KNEES...
KARL-HEINZ RUMMENIGGE!
RUMMENIGGE, RUMMENIGGE ALL NIGHT LONG!
UIH... DES SAN WADELN.
IM DFB-POKALFINALE 1982 GEGEN DEN 1.FC NÜRNBERG LÄUFT ES NICHT SO GUT FÜR „BREITNIGGE". IHR MITTELSTÜRMER DIETER HOENESS WIRD SCHWER VERLETZT. DIE STARK BLUTENDE PLATZWUNDE AM KOPF MUSS IMMER WIEDER VERARZTET WERDEN. KEIN...
...PFLASTER HÄLT. ES DAUERT NICHT LANGE, DA LIEGEN DIE STARK VERUNSICHERTEN BAYERN ZURÜCK: ERST EIN WAHNSINNSTOR AUS 40 METERN VON HINTERMAIER, DANN EIN KONTER PRAKTISCH MIT DEM PAUSENPFIFF! NÜRNBERG FÜHRT MIT 2:0. ABER KEINER RECHNET MIT HOENESS UND SEINEM HARTEN SCHÄDEL!
54. MINUTE: HOENESS MIT DEM KOPF AUF RUMMENIGGE, ANSCHLUSS ZUM 1:2.
65. MINUTE: KRAUS ZUM 2:2 AUSGLEICH!
DANN IN DER 70. MINUTE WIEDER EINE KOPFBALL-VORLAGE VON HOENESS' SCHÄDEL, DIE ZU EINEM ELFMETER FÜHRT. BREITNER VERWANDELT EISKALT ZUM 3:2.
EIN SPIEL AUF MESSERS SCHNEIDE! DOCH IN DER 89. MINUTE STEIGT HOENESS IN DIE LUFT UND ERZIELT DIE ENTSCHEIDUNG SELBST...
...MIT DEM KOPF!

SAISON 1985/86. DIE BAYERN LIEGEN ALS AMTIERENDER DEUTSCHER MEISTER LANGE ZEIT HINTER IHREM HÄRTESTEN KONKURRENTEN JENER JAHRE, DEM SV WERDER BREMEN. DESSEN MANAGER WILLI LEMKE LIEFERT SICH WILDE WORTGEFECHTE MIT ULI HOENESS...
GELD-GIERIG!
AR-RO-GANT!
VOLKSVERHETZER! KLASSENKÄMPFER!
FRECHHEIT! ANMASSEND!
GRÖSSTER OPPORTUNIST!
SOLLTEN DIE BREMER AM VORLETZTEN SPIELTAG IHR HEIMSPIEL GEGEN DIE BAYERN GEWINNEN, HABEN SIE DIE SCHALE SICHER! BIS DREI MINUTEN VOR SCHLUSS HÄLT BAYERN DAS 0:0. DOCH DANN SCHIESST VÖLLER LERBY AN! SCHIEDSRICHTER ROTH PFEIFT...
TRIIIIII
...HANDELFMETER! TUMULTARTIGE PROTESTE DER BAYERN.
ES DAUERT MINUTEN, BIS MICHAEL KUTZOP ZUM STRAFSTOSS ANTRETEN KANN.
DOCH DER SICHERE ELFMETERSCHÜTZE...
...VERSAGT DIESMAL UND...
...ES BLEIBT BEIM 0:0.
DER LETZTE SPIELTAG SOLL DIE ENTSCHEIDUNG BRINGEN! ULI HOENESS SITZT AUF DER BANK UND LÄSST SICH DAS ERGEBNIS DES BREMER MATCHES GEGEN STUTTGART PER HANDY ZEITGLEICH DURCHGEBEN. WÄHREND DIE BAYERN GEGEN MÖNCHENGLADBACH 6:0 GEWINNEN, VERLIERT BREMEN MIT 1:2!
DER FC BAYERN WIRD ZUM NEUNTEN MAL DEUTSCHER MEISTER!

1989: HEYNCKES CONTRA DAUM

EINIGE JAHRE SPÄTER TUT SICH EIN ANDERER HERAUSFORDERER HERVOR: CHRISTOPH DAUM MIT DEM 1.FC KÖLN. DIE MÜNCHNER FÜHREN 1988/89 DIE TABELLE SOUVERÄN AN. ALS SIE DOCH EINE KLEINE SCHWÄCHE ZEIGEN, VERSUCHT DAUM, BAYERN-COACH HEYNCKES ZU VERUNSICHERN. VOR DEM RICHTUNGSWEISENDEN DUELL IN KÖLN TREFFEN DAUM, HOENESS UND HEYNCKES IM „AKTUELLEN SPORTSTUDIO" DES ZDF AUFEINANDER...

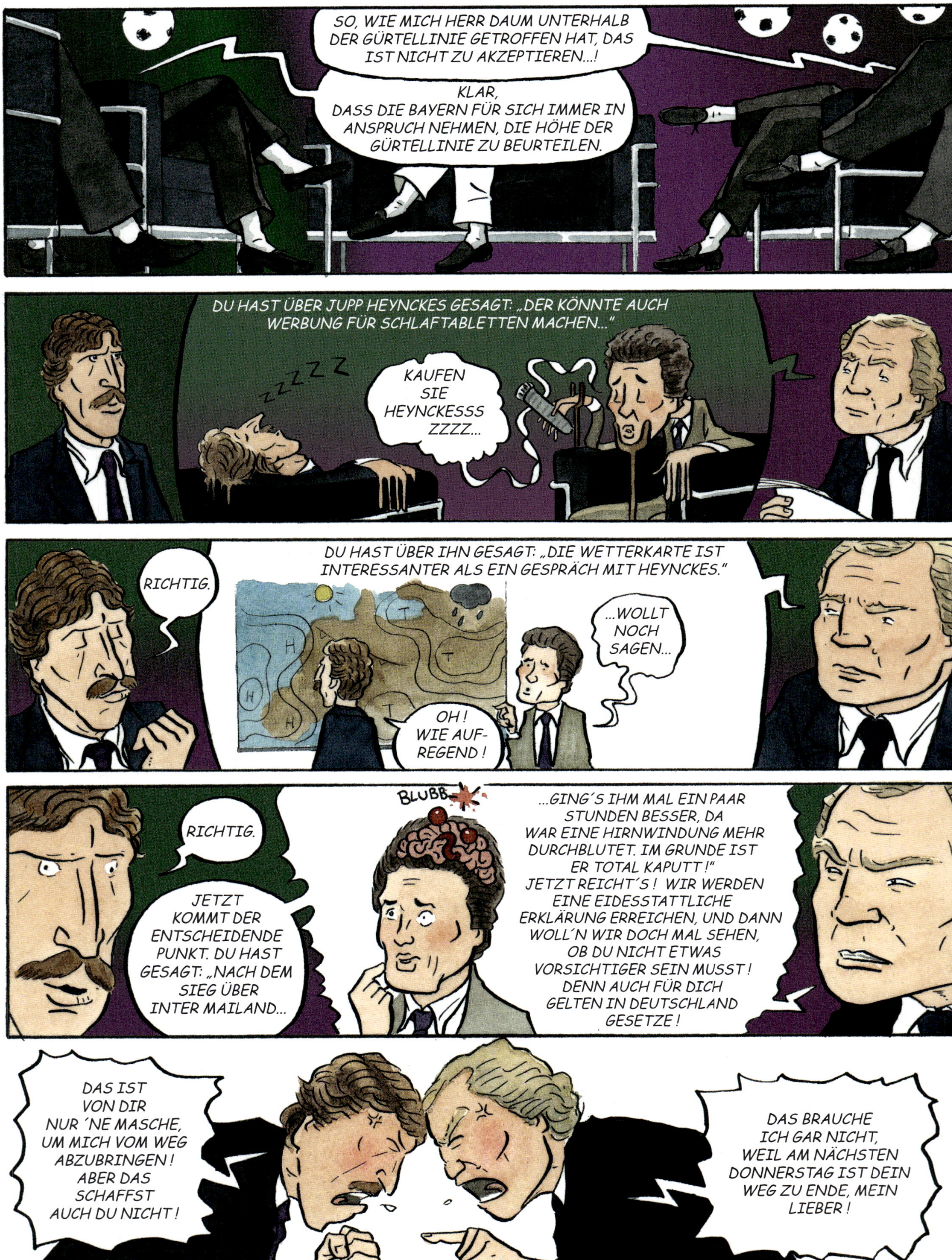

VIER TAGE SPÄTER FINDET DAS SPIEL STATT. ES WIRD DIE EIN-MANN-SHOW DES BAYERN-STÜRMERS ROLAND WOHLFARTH !
DIESER DAUM IST WIRKLICH EIN GROSSER MOTIVATOR...
BÄÄÄ-Ä-Ä-Ä
REUTER AUS 16 METERN GEGEN DEN PFOSTEN, ABER WOHLFARTH STEHT RICHTIG: 25. MINUTE, 0:1
IN DER 32. MINUTE KANN KÖLN DURCH THOMAS ALLOFS AUSGLEICHEN !
LANGE STEHT ES 1:1. BIS CHRISTOPH DAUM DIE ENTSCHEIDUNG WILL...
...UND JÜRGEN KOHLER GEGEN EINEN WEITEREN STÜRMER AUSWECHSELT ! DOCH...
...DIE LÜCKE NUTZT WOHLFARTH IN DER 85. MINUTE, 1:2.
UND IN DER 89. MINUTE...
DIE ENTSCHEIDUNG ZUM 1:3 !
ALS DIE BAYERN AM LETZTEN SPIELTAG UERDINGEN MIT 5:0 SCHLAGEN, IST DER ELFTE MEISTERTITEL PERFEKT ! DIE SÜDKURVE FEIERT:
SEPPL HEYNCKES, DU BIST DIE GRÖSSTE SHOW !
AUCH IN DER DARAUFFOLGENDEN SAISON LIEFERT SICH DER FC BAYERN MIT DEM 1.FC KÖLN LANGE EINEN ENGEN MEISTERSCHAFTSKAMPF; AM ENDE ABER VERTEIDIGEN DIE BAYERN DEN MEISTERTITEL MIT SECHS PUNKTEN VORSPRUNG !
DOCH 1991/92 LÄUFT ES NICHT MEHR, UND DER BELIEBTE COACH MUSS GEHEN. 20 JAHRE SPÄTER WIRD ER WIEDERKOMMEN...

1995/96

FC HOLLYWOOD I.

NACH DEM FORTGANG VON HEYNCKES BRECHEN UNRUHIGE ZEITEN AN. EINERSEITS KAUFT ULI HOENESS EIN „DREAMTEAM" ZUSAMMEN...

DENNOCH BEGANN DIE SAISON 1995/96 UNTER REHHAGEL EXTREM GUT. SIEBEN SIEGE IN FOLGE. DOCH SOWOHL GEGEN DEN HAUPTKONKURRENTEN BVB ALS AUCH GEGEN DIE „KLEINEN" DER LIGA VERLOR MAN: GEGEN FRANKFURT, KARLSRUHE UND FREIBURG BLAMIERTEN SICH DIE BAYERN ! AM 30. SPIELTAG SOLLTE SICH DIE MEISTERSCHAFT ENDLICH ZU GUNSTEN DES FC BAYERN ENTSCHEIDEN. MAN WOLLTE AM BVB VORBEIZIEHEN, SCHLIESSLICH GING ES DAHEIM „NUR" GEGEN HANSA ROSTOCK... REHHAGEL „MOTIVIERT" DIE MANNSCHAFT...
MÄNNER ! HANSA HAT NUR DIESEN AKPOBORIE, DER SPIELEN KANN. ABER DER IST EIN NEGER !
DIESE NEGER NEHMEN UNS DIE ARBEITSPLÄTZE WEG ! DENKEN SIE DARAN, WENN ER DEN BALL HAT !
OPEL
IN DER 63. MINUTE EIN KONTER VON HANSA !
ES FÄLLT DAS 0:1 !
TORSCHÜTZE IST REHHAGELS „NEGER" AKPOBORIE !
FC BAYERN
HANSA ROSTOCK
0 : 1
TRAINER-LEHRLING ! SO GEHT´S NIMMER WEIDA ! DES WAR´S, REHHAGEL !
NACH DEM ABPFIFF PLATZT DEM BAYERN-PRÄSIDENTEN DER KRAGEN...
AQUITAINE
1 3
REHHAGEL MUSS GEHEN, PRÄSIDENT BECKENBAUER SPRINGT ALS TRAINER FÜR DIE LETZTEN SPIELE EIN. DIE MANNSCHAFT GEWINNT 1996 DEN UEFA-POKAL, DER ERSTE INTERNATIONALE TITEL SEIT 20 JAHREN. DOCH ZUFRIEDEN IST DER KAISER DAMIT NICHT....
UEFA-CUP... PAH ! „CUP DER VERLIERER" ISSER ! NIX WEITER !

1997 - 1998
FC HOLLYWOOD II.
SCHLIESSLICH WIRD DER ERFAHRENE ITALIENISCHE TRAINER GIOVANNI TRAPATTONI ZURÜCKGEHOLT. DOCH AUCH ER KANN DEN FC HOLLYWOOD NICHT IM ZAUM HALTEN. NAHEZU JEDER SPIELER SPRICHT TÄGLICH MIT SEINEM PRESSEMENSCHEN. BESONDERS DER STREIT ZWISCHEN KLINSMANN UND MATTHÄUS ESKALIERT...
ICH HABE NICHTS GEGEN KLINSMANN... NUR WEIL DIE WAHRHEIT MANCHESMAL WEHTUT, KANN ICH SIE DOCH IN „MEINEM GEHEIMEN TAGEBUCH" NICHT VERSCHWEIGEN...
ICH BIN ALSO GIERIG? ICH WARTE NUR NOCH DARAUF, DASS MEIN GANZER VERTRAG ALS KOPIE IN DER „BILD" STEHT...!
AUFGRUND DES „GEHEIMEN TAGEBUCHES" WIRD KAPITÄN MATTHÄUS ABGESETZT UND HELMER ÜBERNIMMT. ER VERSUCHT VERGEBLICH ZU BERUHIGEN...
JÜRGEN, LASS SIE EINFACH... HAT KEIN´ SINN...
PAZZAMENTE TUTTI QUANTI !
adidas
UND SO IST ES KEIN WUNDER...
HIER ! SCHNELL RÜBER ZU MIR...!
DASS ES SPORTLICH NICHT LÄUFT.
MANN, LODDAH...! WIE KANN MAN NUR SO´N SCHEISS ZUSAMMENSPIELEN ?!! WAS SOLL DAS ?!!
ICH — SCHEISSE SPIELEN ?! WIESO WIRD DANN SCHON WIEDER DIE NUMMER 18 AUSGEWECHSELT !?! HAHAHA...
ZUM WIEDERHOLTEN MALE WIRD KLINSMANN AUSGEWECHSELT. SO MUSS EINE WERBETONNE DRAN GLAUBEN....
SANYO
KA-
RAX
TROTZ ZERSTRITTENER MANNSCHAFT FÜHRT TRAPATTONI DEN FC BAYERN ZUR MEISTERSCHAFT !

DIE FOLGESAISON WIRD RICHTIG SCHLIMM. DER FC BAYERN SCHAFFT ES EINFACH NICHT, AM AUFSTEIGER KAISERSLAUTERN, DER INZWISCHEN VON EXTRAINER REHHAGEL TRAINIERT WIRD, VORBEIZUKOMMEN. FÜNF SPIELE HINTEREINANDER OHNE TORERFOLG ! IN DER CHAMPIONS LEAGUE GESCHEITERT ! AUF SCHALKE VERLOREN...! DER MAESTRO HAT DIE NASE VOLL !
STRUUUNZ
WAS ERLAUBEN STRUNZ ?!!!
adidas
ES GIBT IM MOMENT IN DIESER MANNSCHAFT, OH, EINIGE SPIELER VERGESSEN IHNEN PROFI, WAS SIE SIND. ICH LESE NICHT SEHR VIELER ZEITUNGEN, ABER ICH HABE GEHÖRT VIELE SITUATIONEN:
1. WIR HABEN NICHT OFFENSIV GESPIELT. ES GIBT KEINE DEUTSCHE MANNSCHAFT SPIELT OFFENSIV UND DIE NAMEN OFFENSIV WIE BAYERN. LETZTE SPIEL HATTEN WIR IN PLATZ DREI SPITZEN: ELBER, JANCKER UND DANN ZICKLER. WIR MUSSEN NICHT VERGESSEN ZICKLER. ZICKLER IST EINE SPITZE MEHR MEHMET E MEHR BASLER. IST KLAR DIESE WÖRTER, IST MÖGLICH VERSTEHEN, WAS ICH HAB GESAGT? DANKE, OFFENSIV IST WIE MACHEN IN PLATZ.
2. ICH HABE ERKLÄRT MIT DIESE ZWEI SPIELER: NACH DORTMUND BRAUCHEN VIELLEICHT HALBZEIT PAUSE. ICH HABE ANDERE MANNSCHAFTEN GESEHEN IN EUROPA NACH DIESE MITTWOCH. ICH HABE GESEHEN AUCH ZWEI TAGE DE TRAINING. EIN TRAINER IST NICHT EIN IDIOT! EIN TRAINER SEHEN, WAS PASSIEREN IN PLATZ. IN DIESE SPIEL ES WAREN ZWEI, DREI ODER VIER SPIELER, WAREN SCHWACH WIE EINE FLASCHE LEER! HABEN SIE GESEHEN MITTWOCH, WELCHE MANNSCHAFT HAT GESPIELT MITTWOCH? HAT GESPIELT MEHMET, ODER GESPIELT BASLER, ODER GESPIELT TRAPATTONI? DIESE SPIELER BEKLAGEN MEHR ALS SPIELEN! WISSEN SIE, WARUM DIE ITALIEN-MANNSCHAFTEN KAUFEN NICHT DIESE SPIELER? WEIL WIR HABEN GESEHEN VIELE MALE SOLCHE SPIEL, HABEN GESAGT, SIND NICHT SPIELER FÜR DIE ITALIENISCHE MEISTERS.
STRUNZ! STRUNZ IST ZWEI JAHRE HIER, HAT GESPIELT ZEHN SPIELE, IST IMMER VERLETZT. WAS ERLAUBEN STRUNZ? LETZTE JAHRE MEISTER GEWORDEN MIT HAMANN EH... NERLINGER. DIESE SPIELER WAREN SPIELER UND WAREN MEISTER GEWORDEN. IST IMMER VERLETZT! HAT GESPIELT 25 SPIELE IN DIESE MANNSCHAFT UND DIESE VEREIN! MUSS RESPEKTIEREN DIE ANDERE KOLLEGEN! HABEN VIELE NETTE KOLLEGEN, STELLEN SIE DIE KOLLEGEN IN FRAGE! HABEN KEINEN MUT AN WORTEN, ABER ICH WEISS, WAS DENKEN ÜBER DIESE SPIELER! MUSSEN ZEIGEN JETZT, ICH WILL, SAMSTAG, DIESE SPIELER MUSSEN ALLEINE DIE SPIEL GEWINNEN. ICH BIN MÜDE JETZT VATER DIESE SPIELER! ICH HABE IMMER DIE SCHULDE ÜBER DIESE SPIELER. EINER IST MARIO, EINER, EIN ANDERER IST MEHMET! STRUNZ DAGEGEN, EGAL, HAT NUR GESPIELT 25 PROZENT DIESE SPIEL.
ICH HABE FERTIG !
„WAS ERLAUBEN STRUUUNZ?" WURDE ZUM GEFLÜGELTEN WORT UND STRUNZ ZUM CLOWN DER NATION. EINE VERPATZTE BALLANNAHME, UND DAS STADION GRÖHLTE:
WAS ERLAUBEN STRUUUNZ...!!! HARHARHARHARHAR...
IN DEN FOLGENDEN JAHREN ABER, MIT STEIGENDER LEISTUNG, WURDE STRUUUNZ ZU SEINEM MARKENZEICHEN.
TRAPATTONIS WUTAUSBRUCH SCHOCKIERTE DIE SPIELER, ABER GANZ BESONDERS IHN SELBST. ENTSPRACH DIESER DOCH GANZ UND GAR NICHT SEINEM NATURELL. AUCH VON DEN BAYERN-BOSSEN, DENEN SEIN DEFENSIVER CATENACCIO-STIL NICHT GEFIEL, UNTER DRUCK GESETZT, ERKANNTE ER, DASS FÜR IHN SEINE ZEIT BEIM FC BAYERN ABGELAUFEN WAR. NACH VERLORENER MEISTERSCHAFT GELANG IHM WENIGSTENS DER GEWINN DES DFB-POKALS. ENDLICH MAL WIEDER NACH ZWÖLF JAHREN...

1999: DIE MUTTER ALLER NIEDERLAGEN

BORUSSIA DORTMUND DROHT DEN BAYERN DEN RANG ABZULAUFEN, NACHDEM ES 1997 ALS ERSTER DEUTSCHER VEREIN DIE CHAMPIONS LEAGUE GEWONNEN HAT. ALS TRAPATTONI-NACHFOLGER HOLEN DIE BAYERN-CHEFS FOLGERICHTIG BVB-ERFOLGSTRAINER OTTMAR HITZFELD NACH MÜNCHEN.

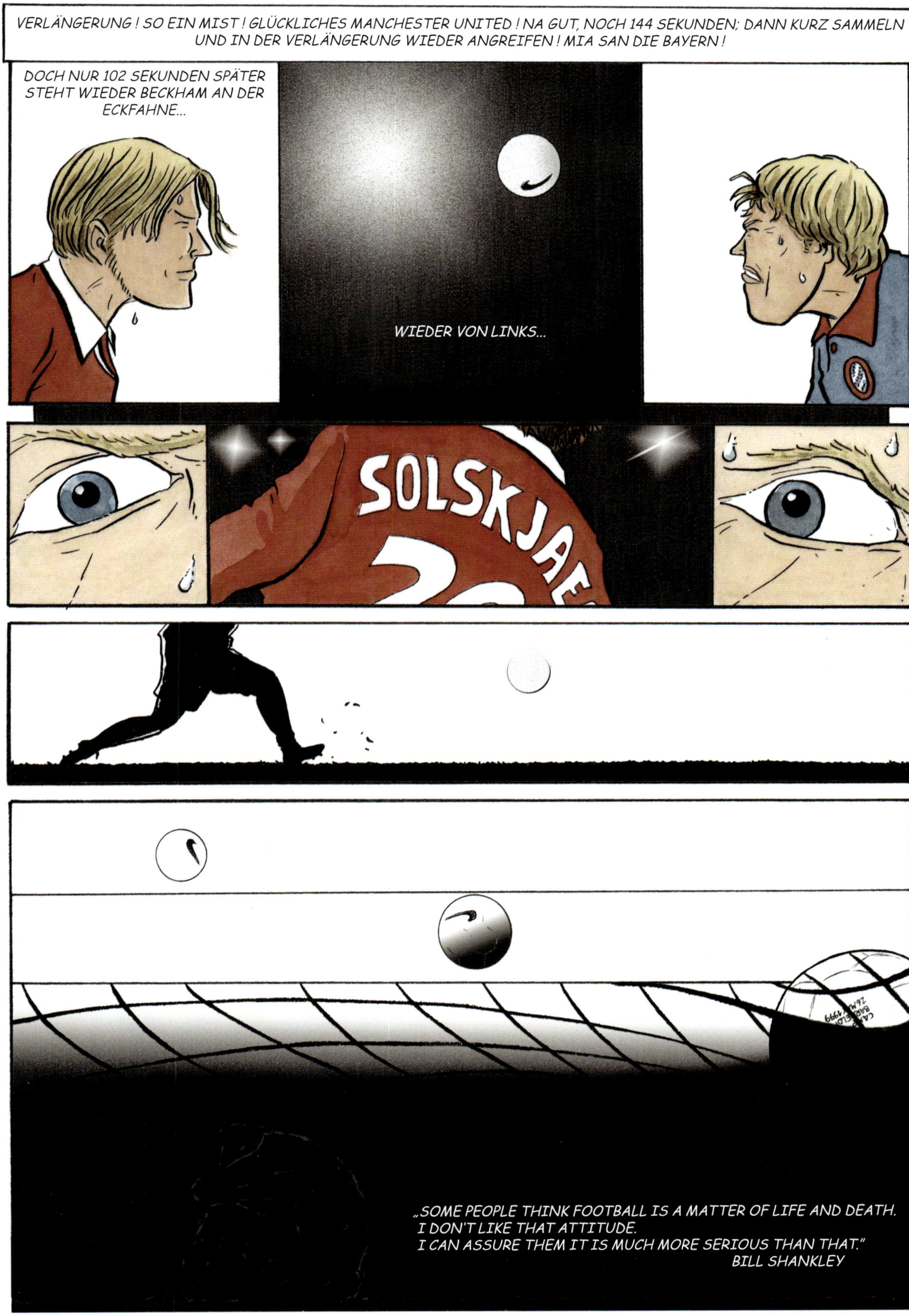
VERLÄNGERUNG ! SO EIN MIST ! GLÜCKLICHES MANCHESTER UNITED ! NA GUT, NOCH 144 SEKUNDEN; DANN KURZ SAMMELN UND IN DER VERLÄNGERUNG WIEDER ANGREIFEN ! MIA SAN DIE BAYERN !
DOCH NUR 102 SEKUNDEN SPÄTER STEHT WIEDER BECKHAM AN DER ECKFAHNE...
WIEDER VON LINKS...
SOLSKJAE
„SOME PEOPLE THINK FOOTBALL IS A MATTER OF LIFE AND DEATH.
I DON'T LIKE THAT ATTITUDE.
I CAN ASSURE THEM IT IS MUCH MORE SERIOUS THAN THAT."
BILL SHANKLEY

1999 - 2001: TRIUMPH IN MAILAND

DOCH DIE BAYERN ÜBERWINDEN DAS TRAUMA VON BARCELONA. AM 31. SPIELTAG DER SAISON 2000/01 MÜSSEN SIE GEGEN DEN BVB GEWINNEN, UM SICH NOCH EINE TITELCHANCE ZU BEWAHREN. UND SO...

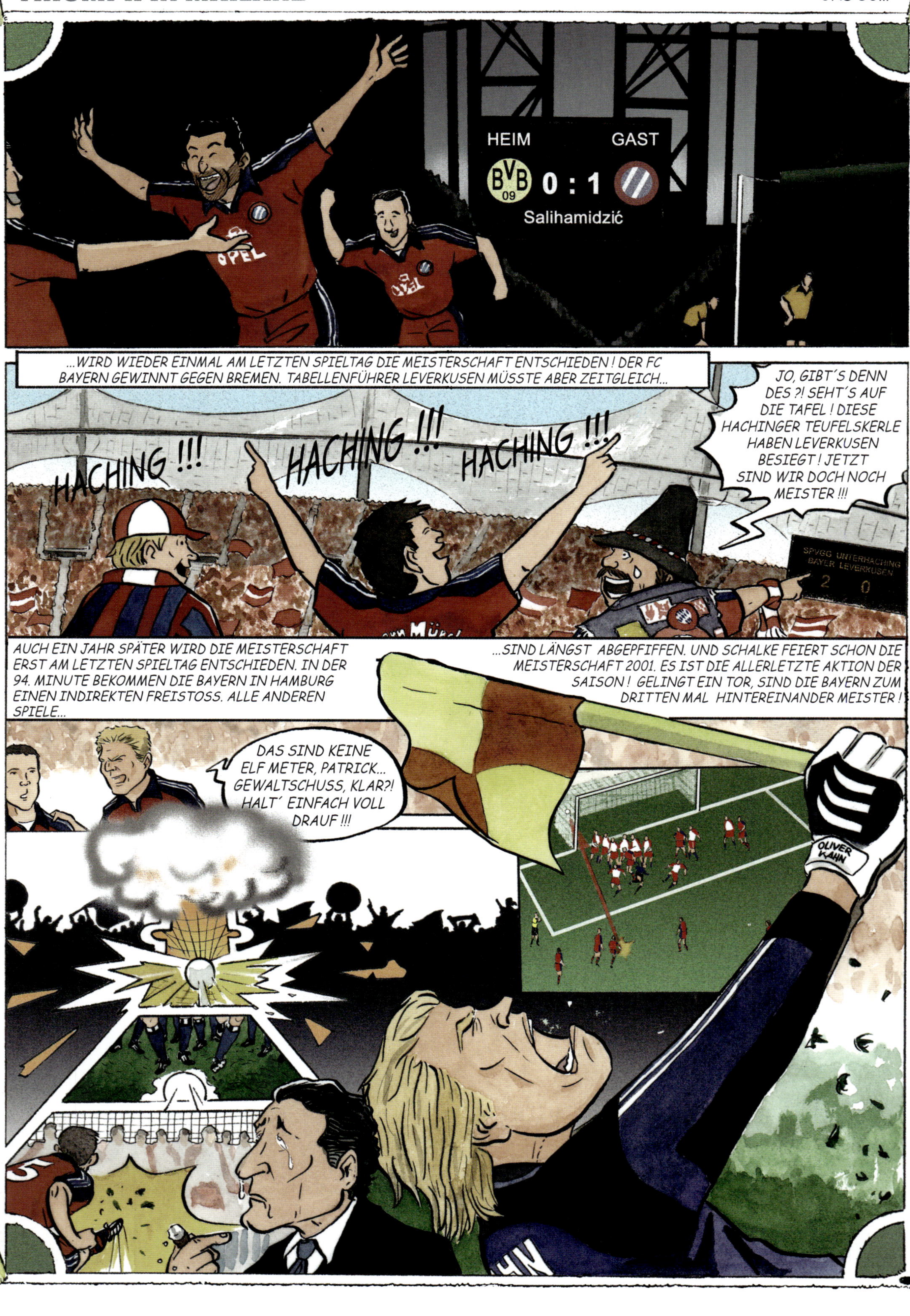

IN DER CHAMPIONS LEAGUE GEHT ES IM HALBFINALE GEGEN DEN TITELVERTEIDIGER REAL MADRID. DIE SPANIER VERSUCHEN ALLES, DIE BAYERN ZU VERUNSICHERN, DOCH DIE SPIELER LASSEN SICH NICHT IRRITIEREN UND...
NUEVO
Éste es el ENEMIGO
Éste es el ENEMIGO
Éste es el ENEMIGO
...SCHMEISSEN REAL MADRID AUS DER CHAMPIONS LEAGUE! NUN WOLLEN SIE IM FINALE IM GIUSEPPE-MEAZZA-STADION GEGEN DEN FC VALENCIA NACH 25 JAHREN ENDLICH WIEDER DEN WICHTIGSTEN EUROPÄISCHEN TITEL HOLEN!
23.5.
HEUTE IST EIN GUTER TAG, UM
GESCHICHTE ZU SCHREIBEN!
ES WIRD DER ABEND DER ELFMETERSCHÜTZEN: MENDIETA TRIFFT IN DER 2. MINUTE ZUM 0:1.
SCHOLL VERSCHIESST IN DER 6. MINUTE.
ABER EFFENBERG VERWANDELT ZUM 1:1-AUSGLEICH IN DER 50.
AUCH NACH DER VERLÄNGERUNG BLEIBT ES BEIM 1:1. DAS ELFMETERSCHIESSEN MUSS ENTSCHEIDEN. KAHN KANN ZWEIMAL PARIEREN, DOCH VALENCIA BLEIBT DRAN. ES FOLGT DER 17. ELFMETERSCHUSS DES ABENDS: PELLEGRINO LÄUFT AN...
PELLEGRINO
2
...UND BAYERN GEWINNT DEN POTT!

2005: DIE ALLIANZ ARENA
DIE NEUE SPIELSTÄTTE DES FC BAYERN, DIE ALLIANZ ARENA, WIRD IM MAI 2005 ERÖFFNET. FAST 70.000 ZUSCHAUER FINDEN DARIN PLATZ.
Allianz Arena
FC BAYERN
REKORD
FC BAYERN

FC BAYERN
-
GAST
15:28
0 : 0
SÜD
KURVE
...

2004 - 2011:
DREI SELTSAME TRAINER
OTTMAR HITZFELD HOLT 2003 NOCH DAS VIERTE DOUBLE FÜR DIE BAYERN. EIN JAHR SPÄTER WIRKT ER ERSCHÖPFT UND AUSGEBRANNT UND MUSS ZURÜCKTRETEN. DOCH SEINE NACHFOLGER HABEN SO IHRE MACKEN...
BIOGRAPHIE
VISION
IST JA WIE IN DER KASERNE. UNGLAUBLICH... WIE IN DER DDR ...HGNNN...
SEIL-SPRINGEN ?!? DAS IST NICHT IHR ERNST, HERR MAGATH. ODER DOCH?
MIT FELIX MAGATH GELINGT ZWEIMAL DAS DOUBLE, BEVOR MANNSCHAFT UND VEREIN VON IHM GENUG HABEN.
ZWEIMAL HINTEREINANDER DAS DOUBLE ! EINZIGARTIGER ERFOLG. ÄHEM...
HATTE DER FC BAYERN ZWEI SPIELZEITEN MIT MAGATH AUSGEHALTEN, SO BLIEB JÜRGEN KLINSMANN NICHT MAL EINE...
ICH HABE EUCH RÄUCHERSTÄBCHEN MITGEBRACHT. DAFÜR MÜSST IHR ABER SCHNELLER UND DIREKTER SPIELEN LASSEN... ABGEMACHT?!

IN DER SAISON 2009/10 KOMMT DER GESTRENGE LOUIS VAN GAAL ZU DEN BAYERN.
ER SOLL FORTAN MODERNE TAKTIK UND ALTVORDERE DISZIPLIN MITEINANDER VERBINDEN.
ICH BIN SELBSTBEWUSST, ARROGANT UND DOMINANT...
...EHRLICH UND INNOVATIV!
ÜBERALL...
...WO ICH WAR...
...HABE ICH GESCHICHTE GESCHRIEBEN!
DAS TEAM STARTET SCHWACH. DOCH DANN FINDEN SICH ZWEI AUSSERGEWÖHNLICHE SPIELER UND KREIEREN DEN „ROBBERY"!
DER DOUBLE-GEWINN 2010 MACHT VAN GAAL NOCH SELBSTBEWUSSTER, WAS IN EINER BUCHPRÄSENTATION GIPFELT.
LOUIS VAN GAAL
VON MIR KÖNNEN HOENESS UND RUMMENIGGE LERNEN, WIE FUSSBALL GEHT!
„RUMMENIGGE UND HOENESS SAGEN: ‚LOUIS, DAS ALLES KANNST DU DOCH NICHT ALLEIN ENTSCHEIDEN.'
ICH ANTWORTE: ‚DOCH, ICH KANN.'"
BALD DARAUF MUSS AUCH ER SEINE SACHEN PACKEN.

2012: DRAMA DAHOAM

DIE WIEDERERSTARKTEN DORTMUNDER SCHEINEN ERNEUT ZU EINEM ERNSTHAFTEN KONKURRENTEN FÜR DIE BAYERN ZU WERDEN.

EIN TRAUM SCHEINT SICH ZU ERFÜLLEN: DIE BAYERN ERREICHEN 2012 DAS ENDSPIEL DER CHAMPIONS LEAGUE, UND DAS IN DER MÜNCHNER ALLIANZ ARENA. EIN ECHTES „FINALE DAHOAM"! DOCH DIE FUSSBALLHISTORIKER WISSEN: EIN SELBSTLÄUFER IST DAS NICHT. ACHTMAL STANDEN DIE BAYERN BISHER IM FINALE DES EUROPACUPS. VIERMAL HABEN SIE VERLOREN.
UNSERE STADT
UNSER STADION
UNSER POKAL
DIE BAYERN SIND GEGEN DEN FC CHELSEA DAS BESSERE TEAM UND HABEN EINIGE CHANCEN, DIE SIE JEDOCH NICHT NUTZEN KÖNNEN. BIS KURZ VOR ABPFIFF STEHT DAS 0:0. DANN ÜBERSCHLAGEN SICH DIE EREIGNISSE.
83. MINUTE: MÜLLER ZUM 1:0!
SAMSUNG
88. MINUTE: DROGBA GLEICHT AUS!
DROGBA
95. MINUTE: ROBBEN VERSCHIESST!
ES GEHT INS ELFMETERSCHIESSEN. BASTIAN SCHWEINSTEIGER SETZT ZUM ENTSCHEIDENDEN SCHUSS AN. ES WIRD...
...DAS DRAMA DAHOAM.

2012/13: KURS AUFS TRIPLE

NACH DEM RÜCKSCHLAG IM „FINALE DAHOAM" TÜFTELT DER TRAINERSTAB DER BAYERN NOCH GENAUER AN DER SPIELPHILOSOPHIE...

...DIE BEREITS AM 28. SPIELTAG GEFEIERT WERDEN KANN!
ZUM BEISPIEL: DIE HÖCHSTE PUNKTZAHL (91 PUNKTE) UND DER GRÖSSTE VORSPRUNG (25 PUNKTE) AUF DIE RESTLICHEN VEREINE...
ZUM BEISPIEL: DER GEWINN DES NEUNTEN DOUBLES...!
MOMENT MAL! JA, WO SAN MIR DENN JETZT ?! NOCH EIN POKAL ...!?!
LAHM MIT DEM „HENKELPOTT"...?!! DAS WÄRE DAS ERSTE TRIPLE DER BUNDESLIGAGESCHICHTE! JA, WAHNSINN!
UND WIE IST ES DAZU GEKOMMEN...? DREHEN WIR KURZ DIE ZEIT ETWAS ZURÜCK...

2013: DAS TRIPLE

DER FC BAYERN HAT EINEN NEUEN ANLAUF UNTERNOMMEN, UM DAS TRIPLE ZU GEWINNEN. IN DER CHAMPIONS LEAGUE WARTEN HARTE BROCKEN AUF DIE BAYERN! DOCH DAS BAYERISCHE TEAM ÜBERRASCHT SICH UND DIE FUSSBALLWELT!

ZUNÄCHST WIRD IM VIERTELFINALE DER ITALIENISCHE MEISTER JUVENTUS TURIN...

IM FINALE KOMMT ES IM WEMBLEYSTADION ZUM SHOWDOWN DER BEIDEN BESTEN DEUTSCHEN VEREINSMANNSCHAFTEN: FC BAYERN UND BORUSSIA DORTMUND. MAN SCHREIBT DEN 25. MAI 2013.
NACH TOREN VON MANDZUKIC...
...UND GÜNDOGAN...
...STEHT ES KURZ VOR SCHLUSS 1:1. IN DER 89. MINUTE ERREICHT DER ANGESCHLAGENE BOATENG...
...MIT EINEM WEITEN PASS...
...RIBÉRY...
...DER MIT DER HACKE DEN HERAN-STÜRMENDEN ROBBEN BEDIENT.

2013/14: PEP GUARDIOLA KOMMT

WELCH EIN COUP! ALS NACHFOLGER FÜR DEN ERFOLGREICHEN JUPP HEYNCKES KÖNNEN DIE BAYERN DEN BEGEHRTESTEN TRAINER DER WELT NACH MÜNCHEN HOLEN: PEP GUARDIOLA! SEINE ANKUNFT LÖST EINEN RIESIGEN HYPE AUS.

SCHON ZU BEGINN DER SAISON TRIFFT PEP AUF SEINEN ALTEN WIDERSACHER JOSÉ MOURINHO, DER DEN FC CHELSEA TRAINIERT. DER SIEGER DER CHAMPIONS LEAGUE GEGEN DEN SIEGER DER EUROPA LEAGUE. DEN UEFA-SUPERCUP KONNTE BISHER KEIN DEUTSCHES TEAM GEWINNEN, ABER VIEL MEHR ALS UM DEN TITEL GEHT ES DIESMAL UMS PRESTIGE.
ESTÚPIDO...!
SUPER COMPETI
CRETINO...!
MOURINHO HAT SEINE MANNSCHAFT WIEDER EINMAL...
...AUF DEFENSIVE UND HÄRTE EINGESTELLT.
GELB-ROT FÜR RAMIREZ !
NATÜRLICH...! DER REFEREE PFEIFT GEGEN MICH !!!
AM ENDE GEWINNEN DIE BAYERN IM ELFMETERSCHIESSEN. ES BLEIBT NICHT DIE EINZIGE TROPHÄE IN PEPS ERSTER SAISON. ÜBERLEGEN HOLEN SEINE SPIELER AUCH DEN WELTPOKAL...
...DIE MEISTERSCHAFT UND DEN DFB-POKAL. UND SCHLIESSLICH WERDEN SIEBEN VON IHNEN SOGAR WELTMEISTER !

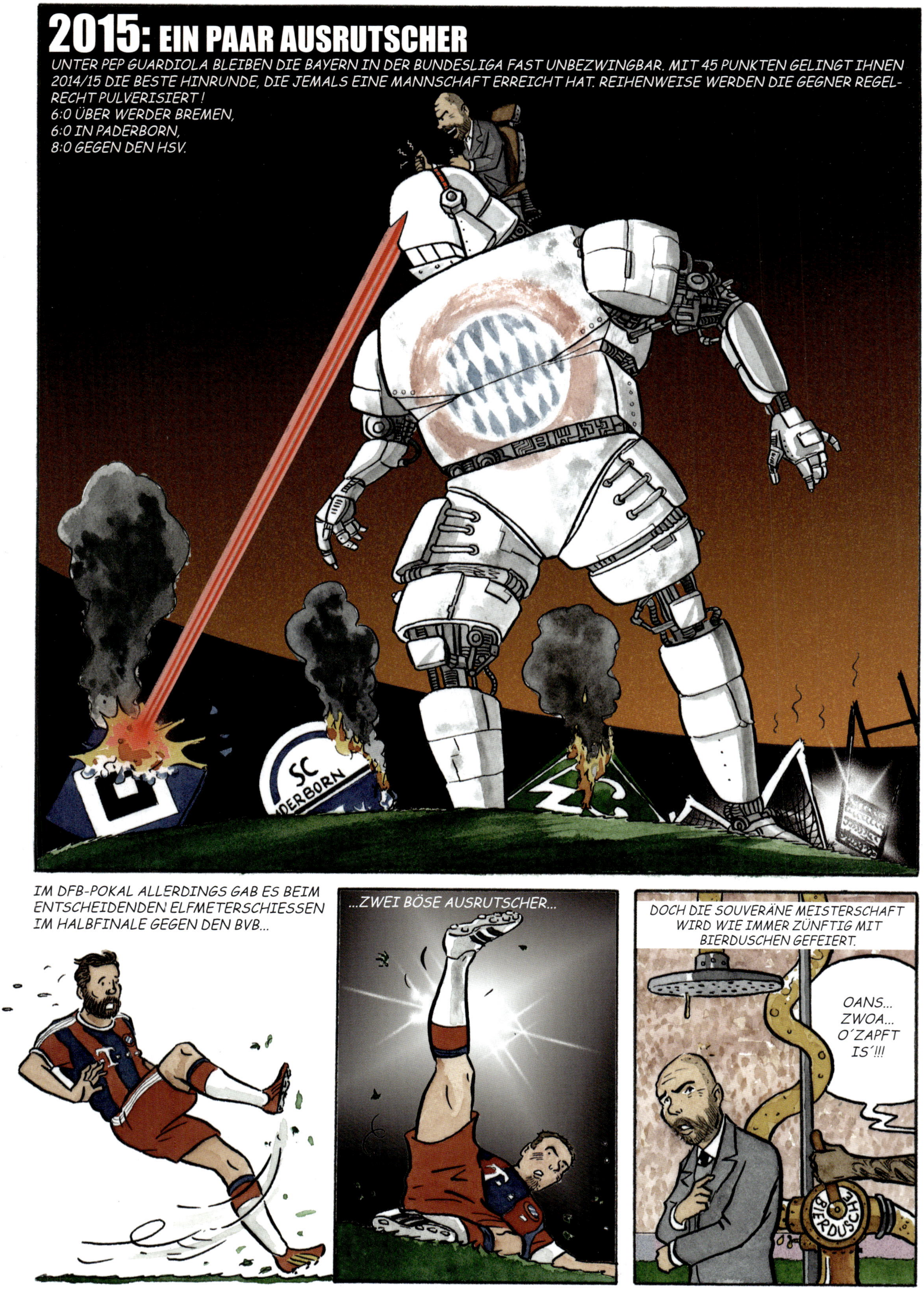

2015: EIN PAAR AUSRUTSCHER
UNTER PEP GUARDIOLA BLEIBEN DIE BAYERN IN DER BUNDESLIGA FAST UNBEZWINGBAR. MIT 45 PUNKTEN GELINGT IHNEN 2014/15 DIE BESTE HINRUNDE, DIE JEMALS EINE MANNSCHAFT ERREICHT HAT. REIHENWEISE WERDEN DIE GEGNER REGELRECHT PULVERISIERT!
6:0 ÜBER WERDER BREMEN,
6:0 IN PADERBORN,
8:0 GEGEN DEN HSV.
IM DFB-POKAL ALLERDINGS GAB ES BEIM ENTSCHEIDENDEN ELFMETERSCHIESSEN IM HALBFINALE GEGEN DEN BVB...
...ZWEI BÖSE AUSRUTSCHER...
DOCH DIE SOUVERÄNE MEISTERSCHAFT WIRD WIE IMMER ZÜNFTIG MIT BIERDUSCHEN GEFEIERT.
OANS... ZWOA... O´ZAPFT IS´!!!
BIERDUSCHE

SO STEHEN DIE JAHRESHAUPTVERSAMMLUNGEN DES FC BAYERN REGELMÄSSIG IM ZEICHEN WIRTSCHAFTLICHER UND SPORTLICHER ERFOLGE. VERKÜNDET VOM VORSTANDSVORSITZENDEN UND HOBBY-DICHTER KARL-HEINZ RUMMENIGGE.
FC BAYERN MÜNCHEN
DIES SAGE ICH IN EINEM SATZ: WIR BAYERN HABEN EINEN SCHATZ.
LIEBER ULI, ICH DANKE DIR,...
...LEIDER BIST DU GAR NICHT HIER.
DAS WAR'S NOCH NICHT !!
AN_AGE
N_TSIAN_
ADOLF WAS HERE
LIEBER FRANZ, ICH DANKE DIR, LEIDER BIST DU AUCH NICHT HIER.
ICH DANKE EUCH, DAS IST NICHT SCHWER, DANKE, DANKE, DANKE SEHR!
ES WAR EINMAL VOR LANGER, LANGER ZEIT...
Ein Deutsches Sommermärchen
CHRRR
ZZZ
CHRRR
ZZZ
War die WM 2006 gekauft?

2015/16: DER VIERTE TITEL

ZUM VIERTEN MAL HINTEREINANDER GEWINNEN DIE BAYERN 2016 DIE DEUTSCHE MEISTERSCHAFT. DAS HAT VOR IHNEN NOCH KEIN VEREIN GESCHAFFT. DIESER TRIUMPH GELINGT AUCH, WEIL DER FC BAYERN IMMER WIEDER TOP-SPIELER SEINES HAUPTKONKURRENTEN BORUSSIA DORTMUND NACH MÜNCHEN LOCKEN KANN:

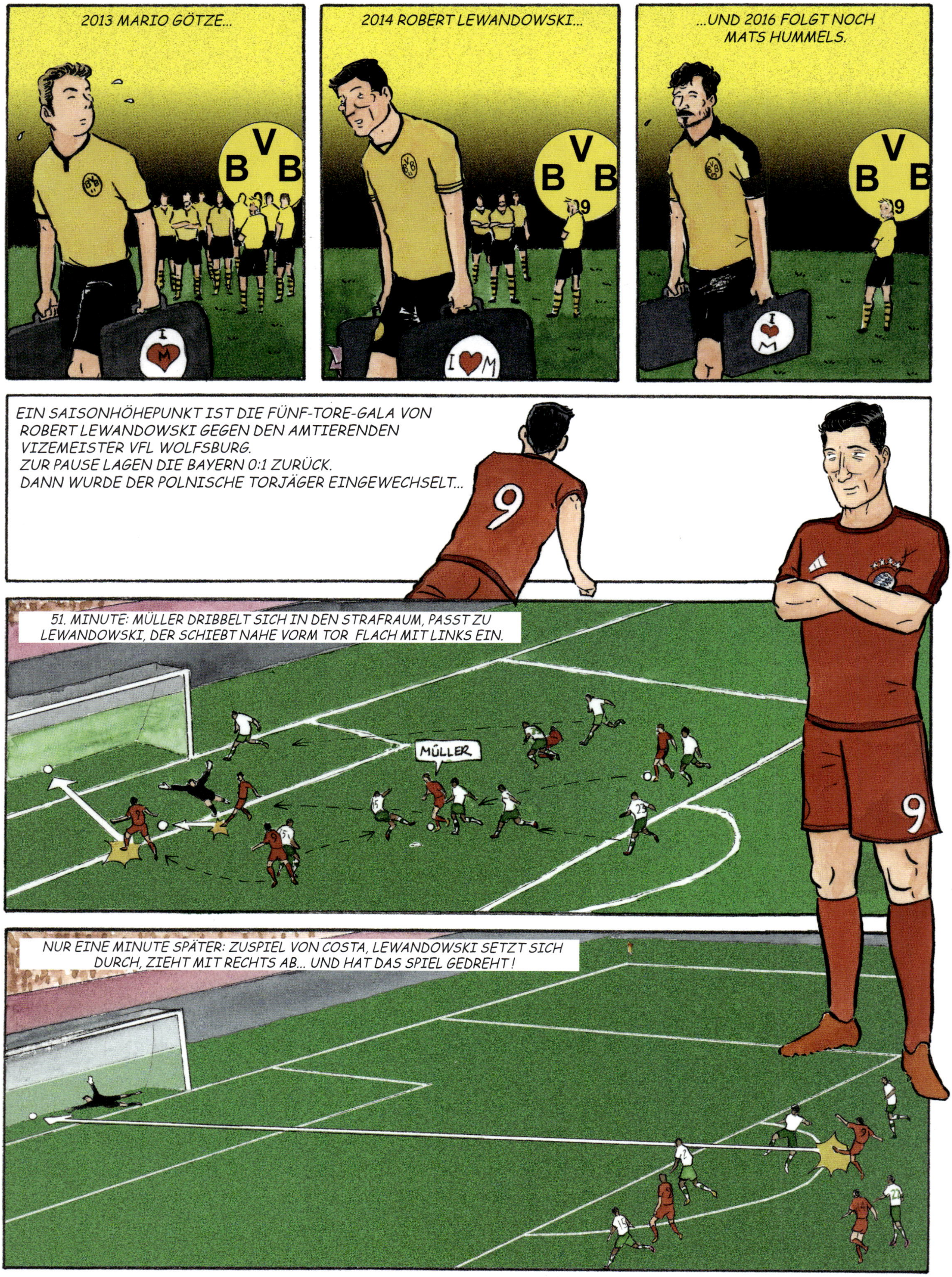

55. MIN.: PASS VON GÖTZE ZU LEWANDOWSKI.
GÖTZE
SEIN SCHUSS KNALLT GEGEN DEN PFOSTEN, DER BALL KOMMT ZURÜCK, SCHUSS !
ABER ER TRIFFT TORHÜTER BENAGLIO, DRITTER VERSUCH: TOR ! 3:1 !
57. MIN.: COSTA FLANKT IN DEN STRAFRAUM, DANTE KANN NICHT ABWEHREN, LEWANDOWSKI KOMMT VON HINTEN ANGERAUSCHT UND SCHIESST ZUM 4:1 !
COSTA
60. MIN.: WEITE FLANKE VON GÖTZE, SCHERENSCHLAG LEWANDOWSKI — WAHNSINN! — 5:1 !!!
GÖTZE
0:1... 1:1... 2:1... 3:1... 4:1... 5:1 !!!!! ¡ TU MADRE !
FÜNF TORE INNERHALB VON NEUN MINUTEN! EIN REKORD FÜR DIE EWIGKEIT!
AM SAISONENDE HEISST ES ABSCHIEDNEHMEN VON PEP GUARDIOLA. IHM VERDANKEN DIE BAYERN DREI TOLLE JAHRE MIT DREI MEISTERTITELN, ZWEI DFB-POKALSIEGEN UND VIELEN SPIELERISCHEN GLANZLICHTERN.
NUR ZUM NEUEN TRIPLE HAT ES NICHT GANZ GEREICHT. NUN SOLL ES DER ITALIENISCHE ERFOLGSTRAINER CARLO ANCELOTTI RICHTEN.

2016/17: DIE SUPER-BAYERN

ROBERT LEWANDOWSKI
PHILIPP LAHM
21
THOMAS MÜLLER
ARTURO VIDAL
DOUGLAS COSTA
JOSHUA KIMMICH
RENATO SANCHES
HOLGER BADSTUBER
28
BASTIAN SCHWEINSTEIGER
SERVUS
DEUTSCH ENGLISCH
KINGSLEY COMAN
DREI. JUL. 2016

EPILOG

WIR ENTSCHULDIGEN UNS BEI ALLEN SPIELERN, DIE IN DIESEM BUCH ABGEBILDET SIND, SICH ABER LIEBER NICHT ERKENNEN WOLLEN.
NOCH MEHR ENTSCHULDIGEN WIR UNS BEI ALLEN SPIELERN, DIE IN DIESEM BUCH NICHT ABGEBILDET SIND, OBWOHL SIE ES VERDIENT HÄTTEN, BEISPIELSWEISE: RAIMOND AUMANN, MARKUS BABBEL, MARK VAN BOMMEL, SEBASTIAN DEISLER, KARL DEL'HAYE, GIOVANE ELBER, THOMAS LINKE, NORBERT NACHTWEIH, HANS PFLÜGLER, CLAUDIO PIZARRO, MANFRED SCHWABL, MICHAEL TARNAT, JÜRGEN „KOBRA" WEGMANN, ALEXANDER ZICKLER UND VIELE ANDERE.